LIBRO DEI DETTI

PETA ZAFIR

LIBRO DEI DETTI

Libro 1

©2022 Peta Zafir

Tutti i diritti sono riservati. Nessuna parte di questo libro può essere riprodotta in qualsiasi forma o con qualsiasi mezzo elettronico o meccanico, compresi i sistemi di archiviazione e recupero delle informazioni, senza il permesso scritto dell'autore, tranne nel caso di un revisore, che può citare brevi passaggi incorporati in articoli critici o in una recensione.

I nomi registrati compaiono in tutto questo libro. Piuttosto che utilizzare il simbolo di trademark ogni volta che compare un nome registrato, i nomi vengono utilizzati in forma editoriale, senza alcuna intenzione di violare il marchio del rispettivo proprietario.

Le informazioni contenute in questo libro sono distribuite "così come sono", senza garanzia. Sebbene ogni precauzione sia stata presa nella preparazione di quest'opera, né l'autore né l'editore avranno alcuna responsabilità nei confronti di qualsiasi persona o entità rispetto a qualsiasi perdita o danno presunto che può essere causato direttamente o indirettamente dalle informazioni contenute in questo prenotare.

Peta Zafir Pubblicazioni
www.petazafir.com

ISBN 978-0-6452140-9-3

Traduzioni di Stefano Palumbo
CONVO Academy

Peta Zafir Publishing
www.petazafir.com
Peta Zafir You Tube Channel

LIBRI DA PETA ZAFIR
Poesia in Salute Libro 1 - in inglese
Poesia in Salute Libro 2 - in inglese
Libro dei detti Libro 1 - in inglese
Libro dei detti Libro 2 - in inglese
Libro dei detti Libro 3 - in inglese
Libro dei detti Libro 4 - in inglese
Libro dei detti Libro 5 - in inglese
Libro dei detti Libro 6 - in inglese
Scenar per Principianti - in inglese
Libro dei detti Libro 1 - italiano

Tutti i libri sono disponibili in formato cartaceo ed eBook da:
www.petazafir.com/books

Dedica

Dedicato ai miei genitori che mi hanno creata, allevata e che si sono presi cura di me al meglio delle loro possibilita'. Loro mi hanno insegnato la determinazione, la concentrazione,e la perseveranza in tempi di negativita' e di sofferenza.

Grazie per tutto cio' acui avete rinunciato, per donarlo a me.

LIBRO DEI DETTI   LIBRO 1

La vita è un viaggio che ci porta sulle alture della Felicita'
negli oceani della tristezza
Nelle verdi pianure della pace e
nella calma della serenita'

Libro dei Detti   Libro 1

Il mio passato mi ha reso ciò che sono,
il mio presente consolida quella persona
Il mio futuro mi porta fra la gente, mi regala esperienze ed avventure.
Tutto cio' completera' la persona che sono diventato

LIBRO DEI DETTI   LIBRO 1

Non faccio promesse,

ma mi impegno ad affrontare le prove quotidiane ed a migliorarmi

giorno dopo giorno

LIBRO DEI DETTI   LIBRO 1

Goditi la forza della Felicita'
Tieni duro durante i giorni di tumulto
Poichè il potere è nella Speranza
Che rafforza il tuo Cambiamento interiore

LIBRO DEI DETTI   LIBRO 1

Nella Vita cerca sempre la Luce
che possa guidarti nei momenti di oscurita'

LIBRO DEI DETTI   LIBRO 1

La Vita non ti assicura che sara' semplice
Ma ti spinge a tirar fuori il coraggio di trovare sempre
Una strada alternativa

LIBRO DEI DETTI   LIBRO 1

Fiducia in te stesso
Adattamento nelle tue Azioni
Questo cambierà tutto
Indipendentemente dal tuo punto di partenza
Continua ad andare Avanti

LIBRO DEI DETTI   LIBRO 1

Se vivi aggrappandoti ai ricordi del tuo Passato

Non creerai mai il tuo Futuro

LIBRO DEI DETTI   LIBRO 1

Osa sognare
Credi in te stesso
Cogli le opportunita'
Lavora sodo
E abbi fede

LIBRO DEI DETTI   LIBRO 1

Forgia lo Spirito
Liberati dalla Paura
Crea il Cambiamento
Elimina i Coflitti
Genera l'Azione

Ogni volta che ti rialzi ed inizi ad agire
Ti avvicini a cio' che la vita ha in serbo per te

LIBRO DEI DETTI   LIBRO 1

Non sempre capirai la ragione
per cui le cose succedono
Sappi solo che c'e' un sentiero che è solo tuo,
che ci sono
Incontri che sperimenterai e
lezioni che imparerai che ti condurranno alla tua destinazione finale

LIBRO DEI DETTI   LIBRO 1

Un singolo fallimento non nega
un'intera vita di determinazione, impegno
concentrazione passione, talento e gentilezza

Libro dei Detti — Libro 1

Abbiamo bisogno di lamentarci meno

Sii piu' grato

E dona senza riserve

LIBRO DEI DETTI   LIBRO 1

La mia forza ti sorregge
nei momenti difficili,
La mia energia ti sostiene
nel momento del bisogno,
La mia risata si unisce alla tua
nei momenti felici

LIBRO DEI DETTI — LIBRO 1

Insegna

ciò che impari crescendo

Libro dei Detti   Libro 1

Tu hai una luce dentro
Non permettere agli altri di soffocare il tuo Spirito
Non permettere agli altri di rubarti la Gioia
Non permettere che gli altri fiacchino la tua Passione
Va avanti con coraggio e determinazione
e Brilli il Tuo Splendore

LIBRO DEI DETTI   LIBRO 1

Il distacco è lasciare andare ciò che non è di nostra resposabilità

e tutto ciò

a cui non abbiamo preso parte

Libro dei Detti   Libro 1

Nella vita devi

Trovare la Porta

Creare il sentiero

Costruire la strada e

incamminarti verso l'Ignoto

LIBRO DEI DETTI   LIBRO 1

Lavora con la forza non per Paura

LIBRO DEI DETTI   LIBRO 1

Il momento giusto è Ora
La direzione giusta è il primo passo
La migliore opportunita' è il presente,
il momento da apprezzare è ogni istante di ogni giorno

Sei il solo responsabile per le tue azioni e per le loro conseguenze

Non incolpare,

Non ti lamentare,

Non disonorare

Poniti un obbiettivo

Procedi verso esso con coraggio

LIBRO DEI DETTI   LIBRO 1

Lascia che le tue scelte diventino I tuoi risultati

Non esiste nessun evento, problema, dolore emozione o persona che non possa essere superato

LIBRO DEI DETTI   LIBRO 1

Cambia la tua Percezione
Cambia il tuo Giudizio
Cambia le tue Idee
Cambia il tuo obiettivo.
Lascia andare con amore e forza
Al momento giusto supererai tutto

Libro dei Detti   Libro 1

I nostri risultati nella vita
Derivano dal tempo
dalla forza e dalla sincerita'
che mettiamo in gioco quotidianamente

La tua mente è uno strumento molto potente
Tu non sei ciò che FAI
Non sei ciò che POSSIEDI
Non sei ciò in cui CREDI
La tua vera essenza sono le tue conversazioni interiori

Tu sei perfetto come una forma d'Arte
Nato con un irripetibile talento di essere tu
Una persona speciale che sei tu;
Cresci, trova la tua vera natura
Restale fedele e concedi agli altri lo stesso rispetto

In ogni situazione
fermati, rifletti, e considera le tue responsabilita'
In ogni azione,
Scusati per la tua contribuzione
E poi lasciala andare

Essere troppo permissivi con se stessi o con gli altri è dannoso

Non inventare scuse, non dare spiegazioni

Assumiti le tue responsabilita' e cambia

LIBRO DEI DETTI   LIBRO 1

Concentrati sul tuo sentiero per la felicita'
Fallo attraverso pensieri positivi,
Rivalutazione continua
E col supporto di persone amorevoli

Libro dei Detti   Libro 1

Ogni azione ha una conseguenza

Lasciar decidere agli altri è paralizzante

Alzati, liberati dal passato ,va avanti

cambia atteggiamento e

Fai la differenza nella tua vita

Inizia oggi:
Prenditi cura del tuo corpo
Dai una direzione alla tua vita e
Sii artefice del tuo benessere

Credi in te stesso
E quando sorge un problema
PENSA, VALUTA e poi AGISCI

Libro dei Detti   Libro 1

Continua a camminare

ogni passo ti conduce ad un nuovo inizio

Continua ad imparare

La conoscenza ti da il potere di scegliere

Continua a crescere

La consapevolezza illumina la strada verso la felicita'

Libro dei Detti   Libro 1

Se hai una passione
Non badare ai risultati
Immergiti nel percorso
E goditi il viaggio

La Felicita' del mondo si manifestera' quando
Tu troverai la tua felicita'
Quando cambierai te stesso
E cosi' cambierai il mondo intero

Sviluppa la tua forza oggi con
Acqua pura, cibi sani, esercizio
La luce del sole e il pensiero positivo,
ciascuna di queste cose è necessaria per
recuperare ,risanare e mantenere la salute ed il benessere

Sii gentile con la tua Famiglia,
Sii gentile con le persone che conosci
Sii gentile con quelle che incontri,
Sii gentile con tutti gli esseri viventi
Sii gentile col Pianeta.
Ma prima di tutto sii gentile con te stesso
Tutto il resto verra' da se.

Libro dei Detti   Libro 1

L'unico modo per cambiare la tua Vita è fare il primo passo

Peta Zafir Publishing
www.petazafir.com
Peta Zafir You Tube Channel

LIBRI DA PETA ZAFIR
Poesia in Salute Libro 1 - in inglese
Poesia in Salute Libro 2 - in inglese
Libro dei detti Libro 1 - in inglese
Libro dei detti Libro 2 - in inglese
Libro dei detti Libro 3 - in inglese
Libro dei detti Libro 4 - in inglese
Libro dei detti Libro 5 - in inglese
Libro dei detti Libro 6 - in inglese
Scenar per Principianti - in inglese
Libro dei detti Libro 1 - italiano

Tutti i libri sono disponibili in formato cartaceo ed eBook da:
www.petazafir.com/books

www.ingramcontent.com/pod-product-compliance
Lightning Source LLC
Chambersburg PA
CBHW071836290426
44109CB00017B/1832